Inhalt

**Besteuerung von Lebensversicherungsverträgen -
Neue Vorgaben des Finanzministeriums**

Kernthesen

Beitrag

Fallbeispiele

Weiterführende Literatur

Impressum

Besteuerung von Lebensversicherungsver - Neue Vorgaben des Finanzministeriums

A.Kaindl

Kernthesen

- Das Bundesfinanzministerium hat im Oktober 2009 zwei neue Rundschreiben zur Besteuerung von Lebensversicherungsverträgen herausgebracht.
- Für vermögensverwaltende Versicherungsverträge wurden die Steuerprivilegien abgeschafft.
- Richtige Lebensversicherungsprodukte genießen weiterhin steuerliche Vorteile.

Beitrag

Notwendigkeit neuer Vorgaben durch das Finanzministerium

Am 01.10.2009 hat das Bundesministerium der Finanzen (BMF) zwei neue Schreiben zur Besteuerung von Lebensversicherungsanlagen herausgegeben. Diese tragen den gesetzlichen Änderungen durch das Jahressteuergesetz 2009 Rechnung und dienen zur näheren Konkretisierung der Gesetzesänderungen. Das neue Schreiben ändert die bestehenden BMF-Schreiben vom 22.12.2005 und 22.08.2002 in wesentlichen Punkten. Die steuerlichen Vorzüge einer steuerkonformen Lebensversicherung wie u.a. der Steueraufschub (der Zinseszinseffekt), die nur hälftige Besteuerung aller kumulierten Kapitalerträge zum Zeitpunkt des Vertragsablaufs, die einkommensteuerfreie Auszahlung im Todesfall oder die Einkommensteuerfreiheit bei der Vermögensübertragung bleiben aber erhalten. (1)

Die Attraktivität der Vermögensanlage in eine kapitalbildende Lebensversicherung nahm mit der Einführung der Abgeltungsteuer zu, u.a. wegen dem hohen Zinseszinseffekt durch den Steueraufschub.

Während Kapitalerträge aus einer konventionellen Wertpapieranlage ab dem 01.01.2009 der Abgeltungsteuer zu unterwerfen sind, bleiben Erträge im Rahmen einer kapitalbildenden Lebensversicherung von der Abgeltungsteuer ausgenommen. (4)

Mit der Gesetzesänderung im Jahressteuergesetz 2009 verfolgte der Gesetzgeber das Ziel, als Lebensversicherung deklarierte Kapitalanlagen mit individueller Vermögensverwaltung zu unterbinden. Deshalb wurde mit dem Jahressteuergesetz 2009 das Einkommensteuergesetz (EStG) erweitert. Sind die nachfolgend aufgelisteten drei Merkmale kumulativ erfüllt, werden die aus der Anlage in eine solche Lebensversicherung erwirtschafteten Kapitalerträge unmittelbar dem Versicherungsnehmer zugerechnet und müssen von diesem versteuert werden: (1), (4)

- Im Versicherungsvertrag ist eine gesonderte Verwaltung von speziell für diesen Vertrag zusammengestellten Kapitalanlagen vereinbart.
- Die Kapitalanlagen beschränken sich nicht auf öffentlich vertriebene Investmentfondsanteile oder Anlagen, die die Entwicklung eines veröffentlichten Indexes abbilden.
- Der wirtschaftlich Berechtigte kann unmittelbar oder mittelbar über die Veräußerung der Vermögensgegenstände und die Wiederanlage der

Erlöse bestimmen.

Für die steuerliche Privilegierung eines Lebensversicherungsvertrages muss neben der zwölfjährigen Mindestlaufzeit und einer Auszahlung nach Vollendung des 60. Lebensjahres ein bestimmter Mindesttodesfallschutz vereinbart sein. (1), (2)

Dem neuen BMF-Rundschreiben zufolge, unterscheidet sich eine Versicherung im Sinne des EStG von einer Vermögensanlage ohne Versicherungscharakter dadurch, "dass ein wirtschaftliches Risiko abgedeckt wird, das aus der Unsicherheit und Unberechenbarkeit des menschlichen Lebens erwächst". Gemeint sind damit biometrischen Risiken wie Todesfall, Erlebensfall und Langlebigkeit. (2), (3)

Durch diese Gesetzesänderung wurden für vermögensverwaltende Versicherungsverträge die Vorteile der Abgeltungssteuerfreiheit, verbunden mit einem attraktiven Steuerstundungs- und Zinseszinseffekt bis zum Vertragsablauf, abgeschafft. (1)

Vorliegen einer steuerschädlichen vermögensverwaltenden

Lebensversicherung

Laut den BMF-Schreiben vom 01.10.2009 ist für steuerschädliche vermögensverwaltende Versicherungsverträge typisch, dass Kapitalanlagen "separat für den einzelnen Vertrag angelegt bzw. verwaltet" werden, z.B. auf einem Konto oder Depot bei einem vom Kunden bestimmten Kreditinstitut. Individuelle Kapitalanlagen liegen dann vor, "wenn die Anlage ganz oder teilweise gemäß den individuellen Wünschen des Versicherungsnehmers erfolgt". Dieses Kriterium ist erfüllt, wenn "einzelne Wertpapiere" oder bereits vorhandene Wertpapierdepots als Versicherungsbeitrag eingebracht werden. (4)

Des Weiteren ist es für eine Lebensversicherung steuerschädlich, wenn der Versicherungsvertrag ein Weisungsrecht des wirtschaftlich Berechtigten gegenüber dem Versicherungsunternehmen oder gegenüber einem beauftragten Vermögensverwalter vorsieht. (1)

Typische Merkmale eines vermögensverwaltenden Versicherungsvertrages:

- Treffen der Anlageentscheidungen von einem Vermögensverwalter, der durch den wirtschaftlich Berechtigten beauftragt oder ausgewählt wurde.

- Möglichkeit des wirtschaftlich Berechtigten einen Wechsel in der Person des Vermögensverwalters zu verlangen.
- Vereinbarung einer individuellen Anlagestrategie zwischen dem Versicherungsunternehmen oder dem Vermögensverwalter und dem wirtschaftlich Berechtigten. (4)

Vermögensverwaltende Versicherungsverträge sind wie normale Geldanlagen der Steuer unterworfen. Das bedeutet, dass im Zeitpunkt, in dem Kapitalerträge z. B. in Form von Zinsen, Dividenden oder Veräußerungsgewinnen dem vom Versicherungsunternehmen gehaltenen Depot oder Konto zufließen, diese dem wirtschaftlich Berechtigten zuzurechnen und entsprechend zu versteuern sind. (2)

Einführung des Kriteriums der standardisierten Vermögensverwaltung

Das BMF führt in seinen neuen Schreiben das Kriterium der standardisierten Vermögensverwaltung ein. Bloße Auswahlmöglichkeiten aus "standardisierten Anlagestrategien, die einer unbestimmten Vielzahl von Versicherungsnehmern angeboten werden", sind nach Ansicht des BMF nicht steuerschädlich. Des Weiteren hat die Wahl zwischen mehreren standardisierten Anlagestrategien in unterschiedlicher Gewichtung keine transparente Besteuerung zur Folge. Dies lässt dem Versicherungsnehmer einen Einfluss auf seine Anlageentscheidungen und die Anlagepolitik des Versicherers. Versicherungsnehmer können ihre festgelegte Anlagestrategie jederzeit ändern und damit Einfluss auf die Investitionspolitik des Versicherers nehmen. Verschiedene Portfolios dürfen dabei auch zu einer unter Risikogesichtspunkten ausgewogenen Mischung zusammengefasst werden. (4)

Zu einer Steuerschädlichkeit führt hingegen die Einbringung eines bereits vorhandenen Depots in einen Versicherungsvertrag mit der Folge, dass die Führung des Depots und die Vermögensverwaltung beim bisherigen Kreditinstitut oder dem bisherigen Vermögensverwalter verbleiben. In derartigen Fällen gilt die widerlegbare Vermutung, dass der Versicherungsnehmer "aufgrund einer gewachsenen und weiterhin bestehenden Geschäftsbeziehung Einfluss auf die Anlageentscheidungen ausüben kann". (1)

Trends

Kapitalbildende Lebensversicherungen, die nach dem 31.12.2004 abgeschlossen wurden, müssen hinsichtlich ihrer Steuerkonformität im Einzelfall überprüft werden. Unter Beachtung der drei genannten und zwingend kumulativ gegebenen Merkmale, welche das BMF an eine steuerschädliche vermögensverwaltende Lebensversicherung knüpft, lassen sich Kapitallebensversicherungen weiterhin steuereffizient zur Vermögensverwaltung und Vermögensanlageplanung einsetzen. Im Einzelnen kommt es auf den Versicherer an, inwieweit dieser bestehende Policen unter größtmöglicher Wahrung der Interessen der Versicherungsnehmer anpasst. (1)

Normalerweise führen Änderungen wesentlicher Vertragsinhalte wie Laufzeit, Versicherungssumme, Beitragshöhe und Beitragszahlungsdauer zu einem Neuvertrag, bei dem die steuerrechtliche Mindestvertragsdauer von zwölf Jahren neu beginnt. Vertragsänderungen in Form einer Anpassung bestehender Versicherungsverträge an die neue Rechtslage führen bis zum 01.07.2010 steuerlich nicht zu einer Beendigung des bisherigen Vertrags und Beginn eines neuen Vertrags. (2), (3)

Fallbeispiele

Lebensversicherungen, die während der Elternzeit

beitragsfrei gestellt worden sind, dürfen innerhalb von drei Monaten nach Beendigung dieser Auszeit ohne steuerlich negative Folgen fortgesetzt werden. (2)

Die Regelungen für den Todesfallschutz wurden verschärft. Neue Versicherungsverträge müssen bei laufender Beitragszahlung während der gesamten Laufzeit des Versicherungsvertrages einen Todesfallschutz von mindestens 50 Prozent der Summe der nach dem Versicherungsvertrag für die gesamte Vertragsdauer zu zahlenden Beiträge aufweisen. Zusätzlich muss die vereinbarte Leistung für den Todesfall spätestens fünf Jahre nach Vertragsabschluss mindestens zehn Prozent des Deckungskapitals, des Zeitwerts oder der Summe der gezahlten Beiträge übersteigen. Dieser Prozentsatz darf bis zum Ende der Vertragslaufzeit in jährlich gleichen Schritten auf Null sinken. (4)

Weiterführende Literatur

(1) Vermögensanlagen mit Lebensversicherungen: Rechtssituation nach den neuen BMF-Schreiben vom 01.10.2009 zur Besteuerung von Versicherungsverträgen
aus Frankfurter Allgemeine Zeitung, 15.12.2009, Nr. 291, S. T1

(2) Besteuerung von Lebensversicherungen Neue BMF-Vorgaben
aus Kurs Nr. 11 vom 01.11.2009 Seite 036

(3) Endlich ist die steuerlich richtige Lebensversicherung da
aus Versicherungsjournal.de, Ausgabe vom 14.10.2009
:

(4) " RA Daniel Welker, Zürich, Anton Rudolf Götzenberger, München Vermögensverwaltende Lebensversicherungen unter Berücksichtigung des neuen BMF Schreibens zur Besteuerung von Versicherungsverträgen
aus SteuerConsultant, Vol. 2, Heft 10/2009, S. 29-31

Impressum

Besteuerung von Lebensversicherungsverträgen - Neue Vorgaben des Finanzministeriums

Bibliografische Information der deutschen Nationalbibliothek

Die Deutsche Nationalbibliothek verzeichnet diese Publikation in der deutschen Nationalbibliografie; detaillierte bibliografische Daten sind im Internet über http://dnb.d-nb.de abrufbar.

ISBN: 978-3-7379-1385-0

© 2015 GBI-Genios Deutsche Wirtschaftsdatenbank GmbH, Freischützstraße 96, 81927 München, www.genios.de

Alle Rechte vorbehalten. Dieses Werk ist einschließlich aller seiner Teile – z.B. Texte, Tabellen und Grafiken - urheberrechtlich geschützt. Jede Verwertung außerhalb der Grenzen des Urheberrechtsgesetzes bedarf der vorherigen Zustimmung des Verlags. Dies gilt insbesondere auch für auszugsweise Nachdrucke, fotomechanische Vervielfältigungen (Fotokopie/Mikroskopie), Übersetzungen, Auswertungen durch Datenbanken oder ähnliche Einrichtungen und die Einspeicherung und Verarbeitung in elektronischen Systemen.